Impressum
Verlag: BABADADA GmbH, Nedderfeld 112 , 22529 Hamburg
Geschäftsführer / Verlagsleitung: Harald Hof
Druck: Books on Demand GmbH, In de Tarpen 42, 22848 Norderstedt

Imprint
Publisher: BABADADA GmbH, Nedderfeld 112 , 22529 Hamburg, Germany
Managing Director / Publishing direction: Harald Hof
Print: Books on Demand GmbH, In de Tarpen 42, 22848 Norderstedt

escuela

school

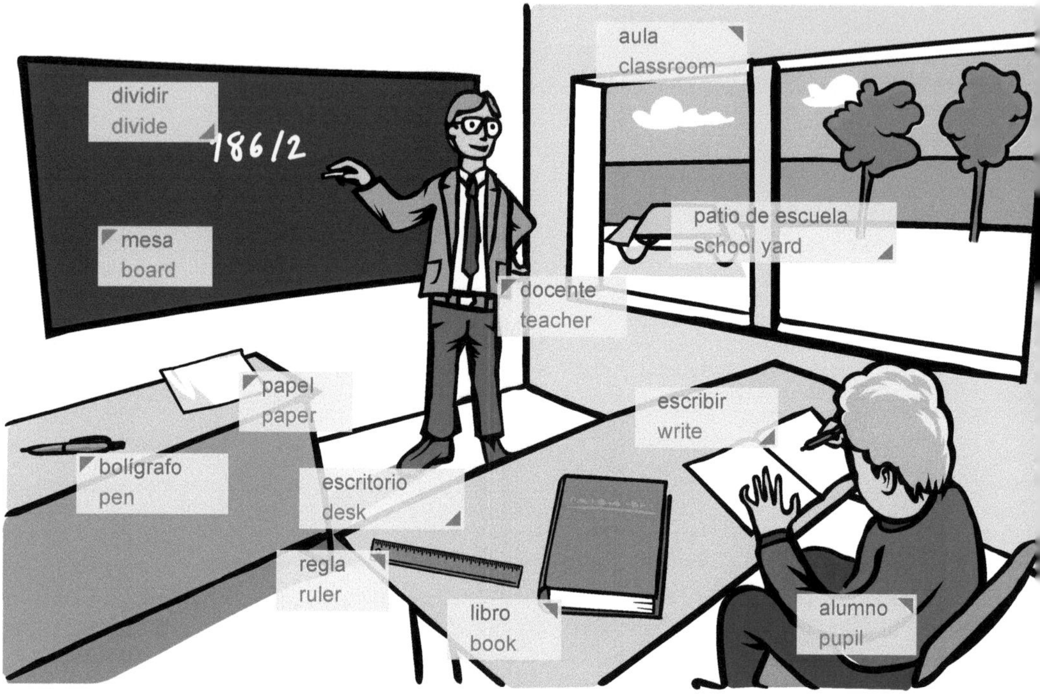

aula
classroom
dividir
divide
186/2
patio de escuela
school yard
mesa
board
docente
teacher
papel
paper
escribir
write
bolígrafo
pen
escritorio
desk
regla
ruler
libro
book
alumno
pupil

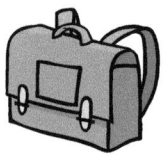

mochila escolar

satchel

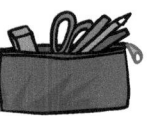

caja de lápices

pencil case

lápiz

pencil

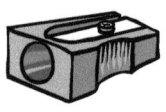

sacapuntas

pencil sharpener

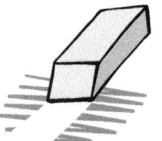

goma de borrar

rubber

bloc de dibujo

drawing pad

dibujo

drawing

pincel

paintbrush

caja de pinturas

paint box

tijera

scissors

pegamento

glue

libro de ejercicios

exercise book

tarea

homework

número

number

sumar

add

restar

subtract

multiplicar

multiply

calcular

calculate

letra

letter

alfabeto

alphabet

palabra

word

texto

text

leer

read

tiza

chalk

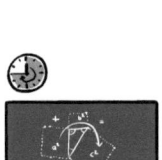

lección

lesson

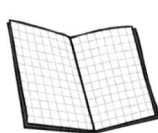

libro de clase

register

examen

examination

certificado

certificate

uniforme escolar

school uniform

educación

education

enciclopedia

encyclopedia

universidad

university

microscopio

microscope

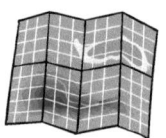

mapa

map

cesto de papeles

waste-paper basket

hotel
hotel

Grand

albergue
hostel

ROOMS

casa de cambio
currency exchange office

EXCHANGE

maleta
suitcase

auto
car

idioma
language

sí / no
yes / no

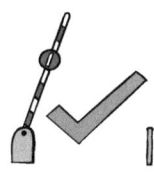

ok
Okay

hola
hello

intérprete
translator

gracias
Thank you

¿Cuánto cuesta…?

how much is…?

No entiendo

I don´t get it

problema

problem

¡Buenas tardes!

Good evening!

¡Buenos días!

Good morning!

¡Buenas noches!

Good night!

adiós

goodbye

dirección

direction

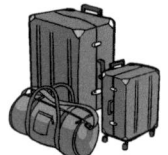

equipaje

luggage

bolso

bag

mochila

backpack

invitado

guest

cuarto

room

saco de dormir

sleeping bag

tienda de campaña

tent

información al turista

tourist information

playa

beach

tarjeta de crédito

credit card

desayuno

breakfast

almuerzo

lunch

cena

dinner

pasaje

Ticket

ascensor

elevator

sello

stamp

límite

border

aduana

customs

embajada

embassy

visa

visa

pasaporte

passport

transporte
transport

avión
airplane

barco
ship

coche de bomberos
fire truck

bus
bus

camión
truck

lancha a motor
motorboat

bicicleta
bike

auto
car

balsa
ferry

lancha
boat

motocicleta
motorbike

auto de policía
police car

auto de carreras
racing car

auto de alquiler
rental car

alquiler de autos

car sharing

grúa

tow truck

vehículo recolector de basura

garbage truck

motor

engine

gasolina

fuel

gasolinera

fuel station

señal de tráfico

traffic sign

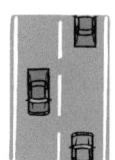

tránsito

traffic

atasco

traffic jam

estacionamiento

parking lot

estación de tren

train station

carril

tracks

tren

train

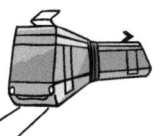

tranvía

tram

vagón

wagon

helicóptero

helicopter

aeropuerto

airport

torre

tower

pasajero

passenger

contenedor

container

caja de cartón

carton

carro

cart

cesta

basket

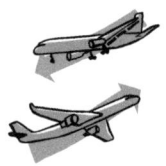

despegar / aterrizar

take off / land

ciudad

city

aldea

village

centro de la ciudad

city center

casa

house

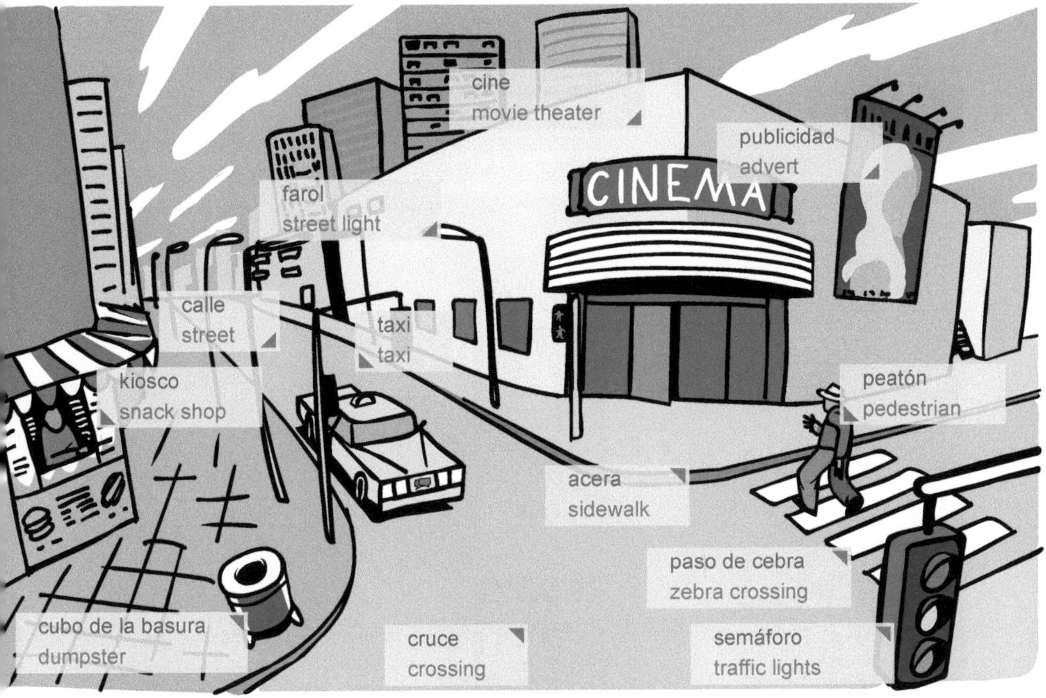

cine
movie theater

publicidad
advert

farol
street light

CINEMA

calle
street

taxi
taxi

peatón
pedestrian

kiosco
snack shop

acera
sidewalk

paso de cebra
zebra crossing

cubo de la basura
dumpster

cruce
crossing

semáforo
traffic lights

cabaña
hut

apartamento
apartment

estación de tren
train station

ayuntamiento
city hall

museo
museum

escuela
school

universidad

university

banco

bank

hospital

hospital

hotel

hotel

farmacia

pharmacy

oficina

office

librería

book shop

negocio

shop

florería

flower shop

supermercado

supermarket

mercado

market

grandes almacenes

department store

pescadería

fishmonger's shop

centro comercial

mall

puerto

harbor

parque

park

banco

bench

puente

bridge

escalera

stairs

metro

subway

túnel

tunnel

parada de autobuses

bus stop

bar

bar

restaurante

restaurant

buzón de correo

postbox

letrero

street sign

parquímetro

parking meter

zoológico

zoo

piscina

swimming pool

mezquita

mosque

granja
farm

polución
pollution

cementerio
cemetery

iglesia
church

parque infantil
playground

templo
temple

paisaje
landscape

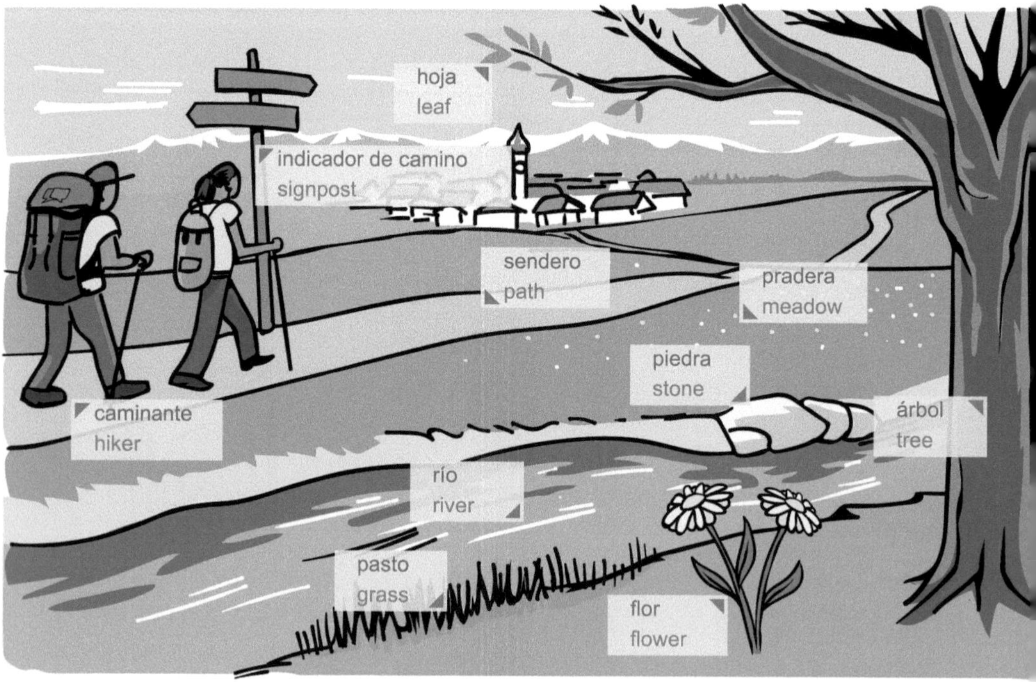

hoja
leaf

indicador de camino
signpost

sendero
path

pradera
meadow

piedra
stone

árbol
tree

caminante
hiker

río
river

pasto
grass

flor
flower

valle
valley

montaña
hill

lago
lake

bosque
forest

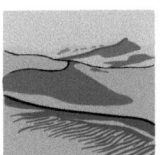

desierto
desert

volcán
volcano

castillo
castle

arco iris
rainbow

seta
mushroom

palmera
palm tree

mosquito
mosquito

mosca
fly

hormiga
ant

abeja
bee

araña
spider

escarabajo

beetle

rana

frog

ardilla

squirrel

erizo

hedgehog

liebre

hare

lechuza

owl

pájaro

bird

cisne

swan

jabalí

boar

ciervo

deer

alce

moose

embalse

dam

aerogenerador

wind turbine

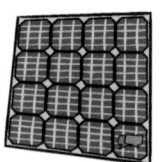

módulo solar

solar panel

clima

climate

restaurante
restaurant

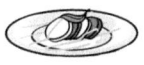

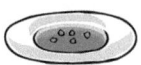

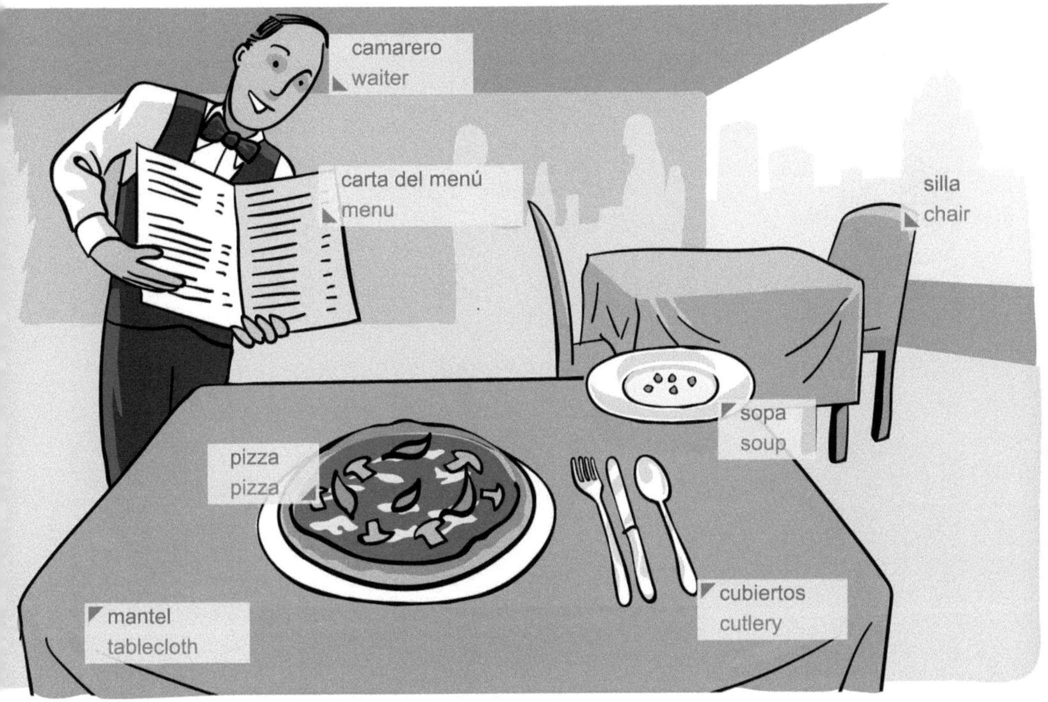

camarero
waiter
carta del menú
menu
silla
chair
sopa
soup
pizza
pizza
mantel
tablecloth
cubiertos
cutlery

entrada

starter

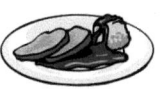

plato principal

main course

postre

dessert

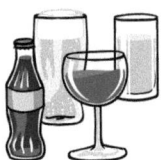

bebida

drinks

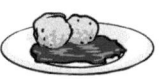

comida

food

botella

bottle

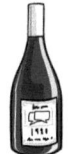

comida rápida

fast food

comida callejera

street food

tetera

teapot

azucarera

sugar bowl

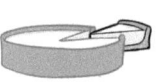

porción

portion

máquina de espresso

espresso machine

silla alta

high chair

factura

bill

bandeja

tray

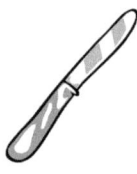

cuchillo

knife

tenedor

fork

cuchara

spoon

cuchara de té

teaspoon

servilleta

serviette

vaso

glass

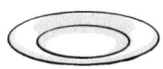

plato
....
plate

plato de sopa
....
soup plate

platillo
....
saucer

salsa
....
sauce

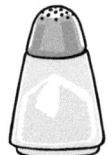

salero
....
salt shaker

molinillo para pimienta
....
pepper mill

vinagre
....
vinegar

aceite
....
oil

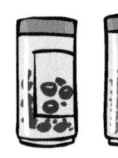

especias
....
spices

ketchup
....
ketchup

mostaza
....
mustard

mayonesa
....
mayonnaise

supermercado
supermarket

oferta
special offer
FOR
cliente
customer
productos lácteos
dairy products
fruta
fruit
carrito de compras
shopping cart

BUTCHERS

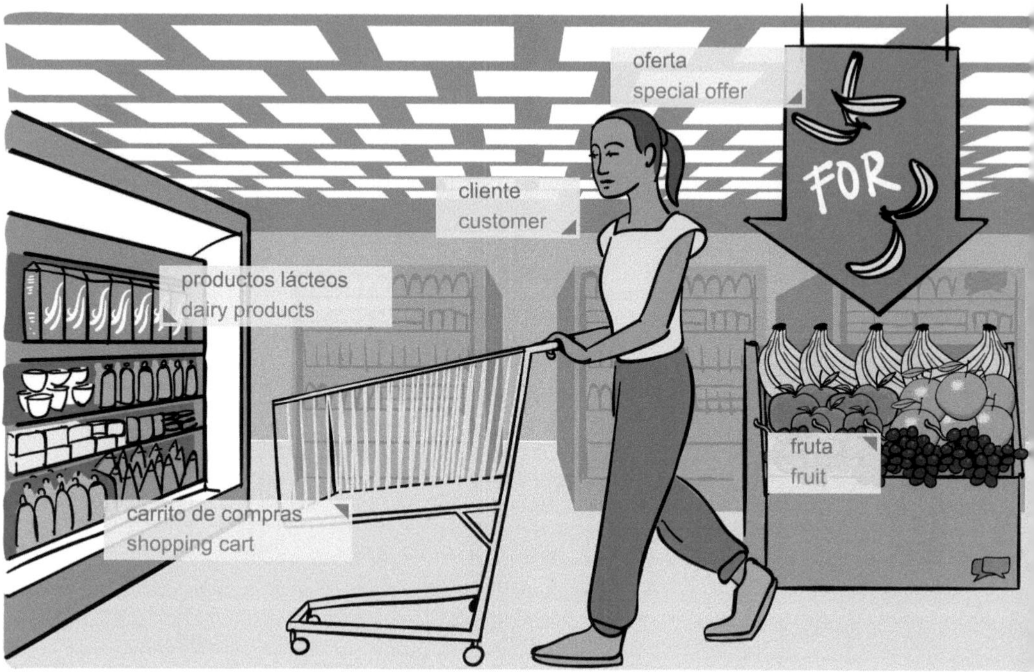

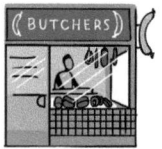

carnicería
butcher's shop

BAKERY

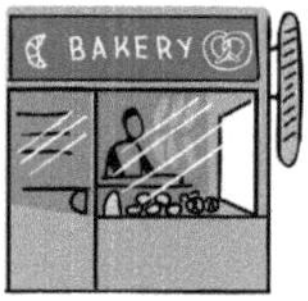

panadería
bakery

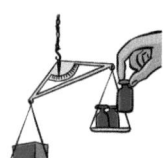

pesar
weigh

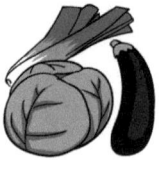

verdura
vegetables

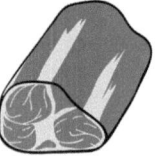

carne
meat

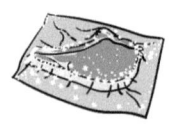

alimentos congelados
frozen food

fiambre

cold cuts

conservas

canned food

detergente en polvo

detergent

dulces

candy

artículos domésticos

household products

productos de limpieza

cleaning products

vendedora

sales representative

caja

cash register

cajero

cashier

lista de compras

shopping list

horario de atención

opening hours

cartera

wallet

tarjeta de crédito

credit card

maleta

bag

bolsa plástica

plastic bag

agua

water

jugo

juice

leche

milk

refresco de cola

coke

vino

wine

cerveza

beer

alcohol

alcohol

cacao

cocoa

té

tea

café

coffee

espresso

espresso

cappuccino

cappuccino

banana

banana

manzana

apple

naranja

orange

sandía

melon

limón

lemon

zanahoria

carrot

ajo

garlic

bambú

bamboo

cebolla

onion

seta

mushroom

nueces

nuts

fideos

noodles

espagueti

spaghetti

arroz

rice

ensalada

salad

patatas fritas

fries

patatas salteadas

fried potatoes

pizza

pizza

hamburguesa

hamburger

sándwich

sandwich

escalope

escalope

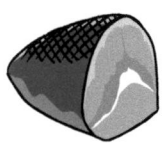

jamón

ham

salame

salami

embutido

sausage

pollo

chicken

asado

roast

pescado

fish

copos de avena

porridge oats

musli

muesli

copos de maíz tostado

cornflakes

harina

flour

croissant

croissant

panecillo

bread roll

pan

bread

tostada

toast

galletas

cookies

mantequilla

butter

cuajada

curd

pastel

cake

huevo

egg

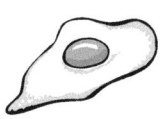

huevo frito

fried egg

queso

cheese

helado

ice cream

azúcar

sugar

miel

honey

mermelada

jelly

praliné

nougat cream

curry

curry

granja
farm

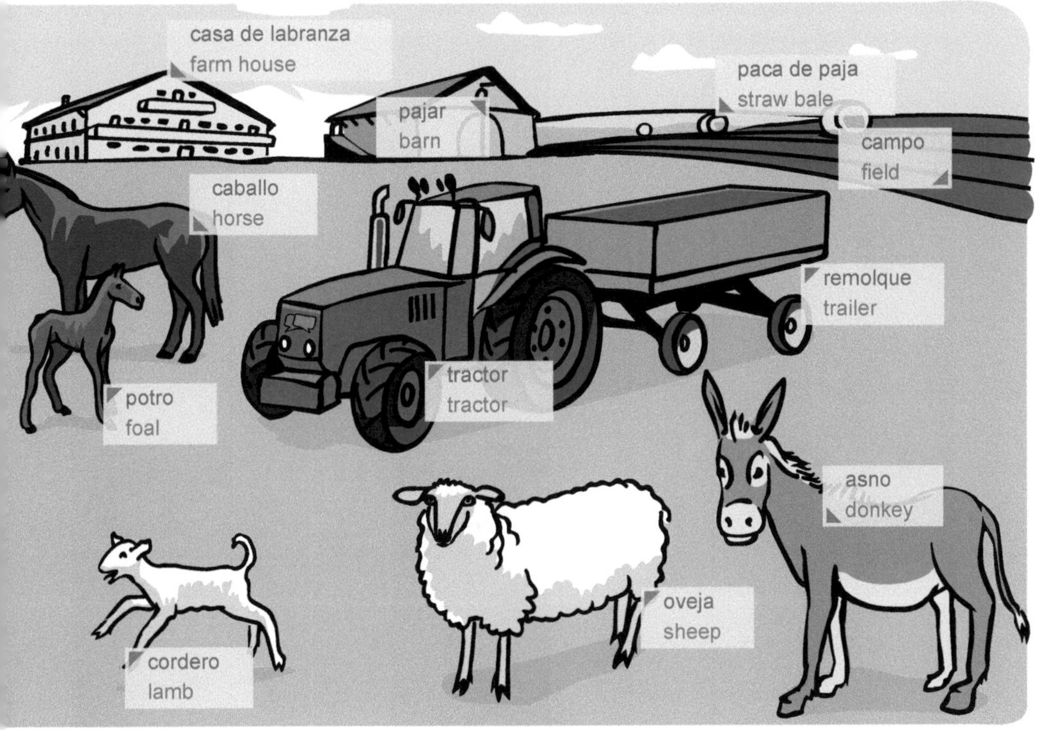

casa de labranza
farm house
pajar
barn
paca de paja
straw bale
campo
field
caballo
horse
remolque
trailer
potro
foal
tractor
tractor
asno
donkey
oveja
sheep
cordero
lamb

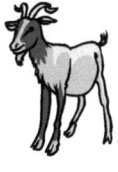

cabra
goat

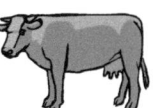

vaca
cow

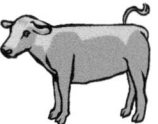

ternero
calf

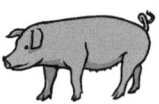

cerdo
pig

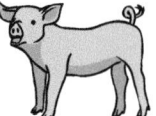

lechón
piglet

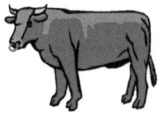

toro
bull

ganso
goose

pato
duck

polluelo
chick

pollo
hen

gallo
cockerel

rata
rat

gato
cat

ratón
mouse

buey
ox

perro
dog

caseta del perro
dog house

manguera de riego
garden hose

regadera
watering can

guadaña
scythe

arado
plow

hoz

sickle

azada

hoe

bieldo

pitchfork

hacha

axe

carretilla

pushcart

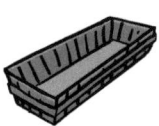

abrevadero

trough

lechera

milk can

saco

sack

cerca

fence

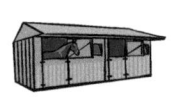

establo

stable

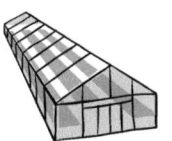

invernadero

greenhouse

suelo

soil

semilla

seed

fertilizante

fertilizer

cosechadora

combine harvester

granja - farm

cosechar

harvest

cosecha

harvest

raíz de ñame

yams

trigo

wheat

soja

soya

patata

potato

maíz

corn

colza

rapeseed

Árbol frutal

fruit tree

mandioca

manioc

cereales

grain

casa

house

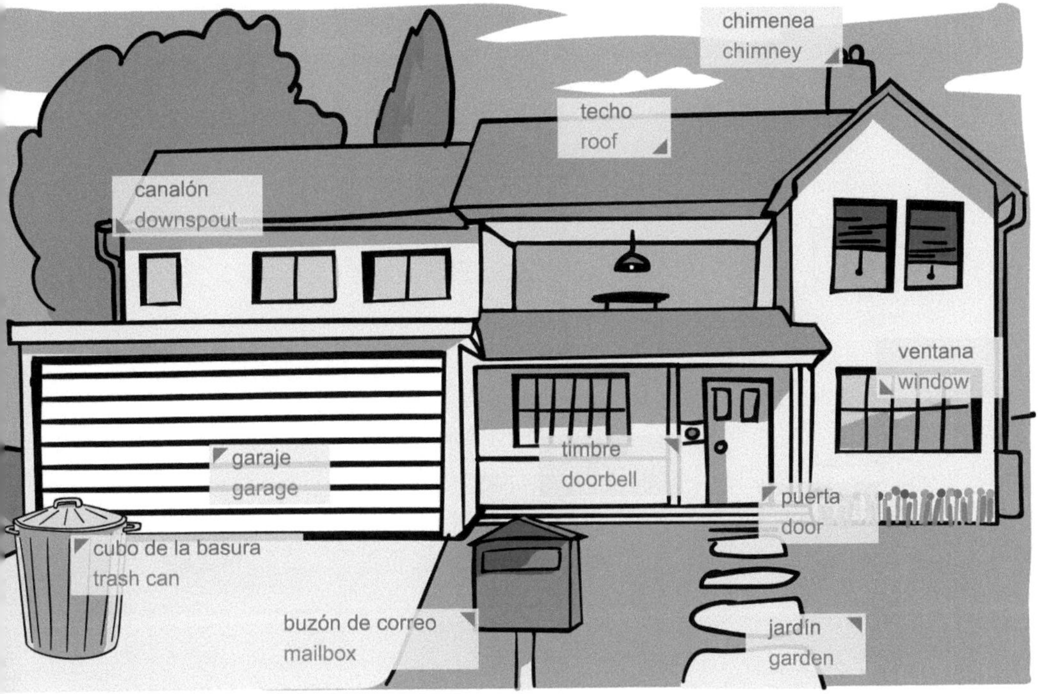

chimenea
chimney
techo
roof
canalón
downspout
ventana
window
garaje
garage
timbre
doorbell
puerta
door
cubo de la basura
trash can
buzón de correo
mailbox
jardín
garden

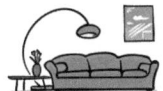

cuarto de estar

living room

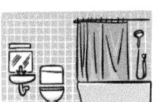

cuarto de baño

bathroom

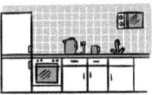

cocina

kitchen

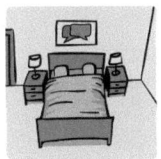

dormitorio

bedroom

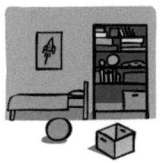

cuarto de los niños

kids room

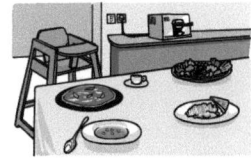

comedor

dining room

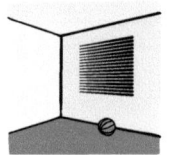

piso

floor

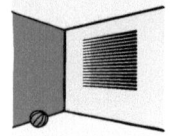

pared

wall

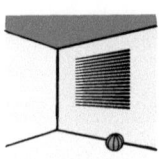

cielorraso

ceiling

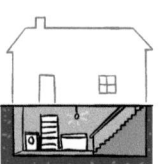

sótano

cellar

sauna

sauna

balcón

balcony

terraza

terrace

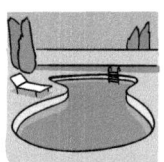

piscina

pool

cortacésped

lawn mower

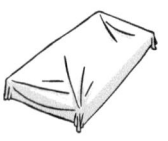

funda nórdica

sheet

edredón

bedspread

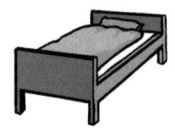

cama

bed

escoba

broom

cubo

bucket

interruptor

switch

cuarto de estar
living room

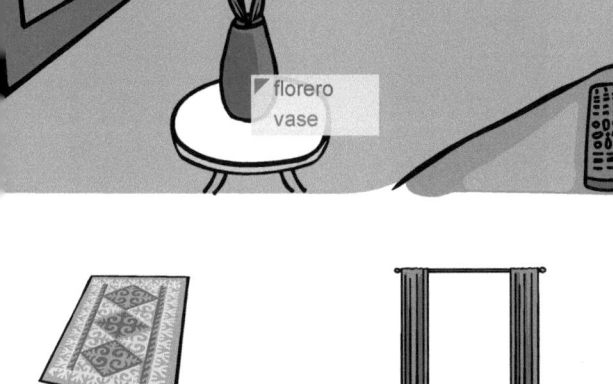

papel para empapelar
wallpaper
imagen
picture
lámpara
lamp
estante
shelf
gabinete
cabinet
televisor
television
hogar
fireplace
flor
flower
cojín
cushion
sofá
sofa
florero
vase
control remoto
remote control

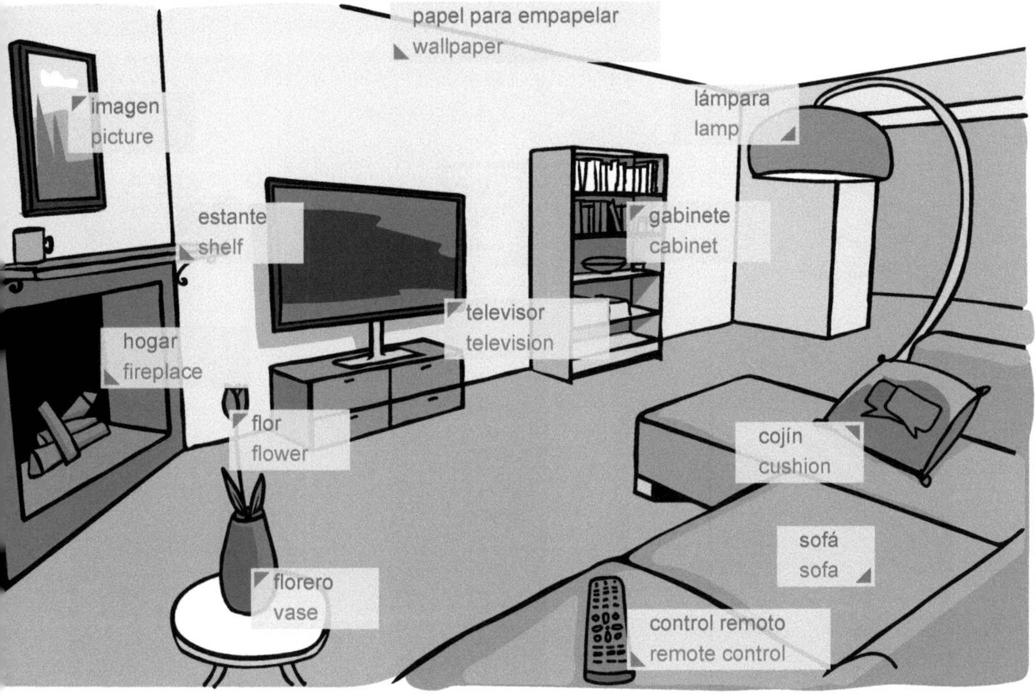

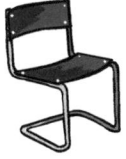

alfombra

carpet

cortina

drape

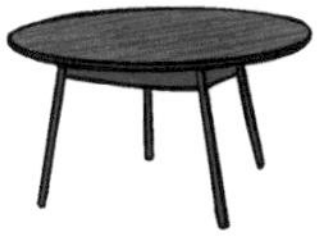

mesa

table

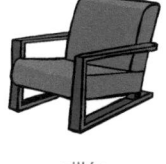

silla

chair

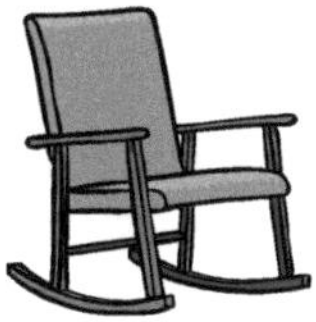

mecedora

rocking chair

sillón

armchair

libro

book

frazada

blanket

decoración

decoration

leña

firewood

film

film

equipo estereofónico

stereo system

llave

key

periódico

newspaper

cuadro

painting

póster

poster

radio

radio

bloc de notas

notebook

aspiradora

vacuum cleaner

cactus

cactus

vela

candle

cocina
kitchen

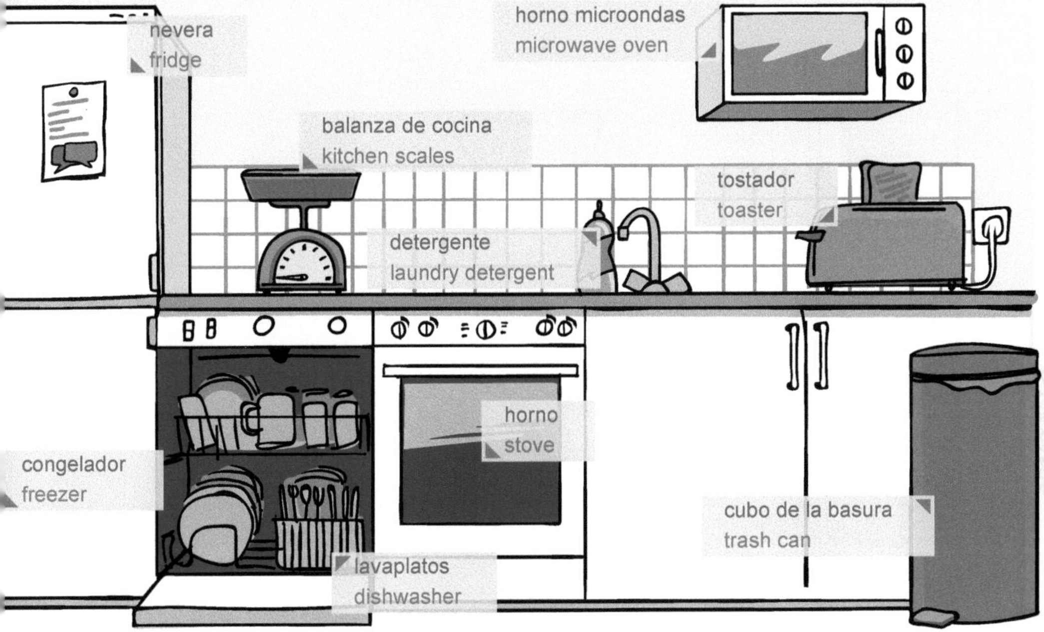

nevera
fridge
horno microondas
microwave oven
balanza de cocina
kitchen scales
tostador
toaster
detergente
laundry detergent
horno
stove
congelador
freezer
cubo de la basura
trash can
lavaplatos
dishwasher

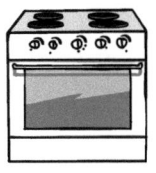

cocina

cooker

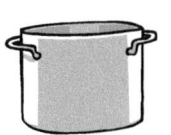

olla

pot

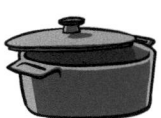

olla de fundición de hierro

cast-iron pot

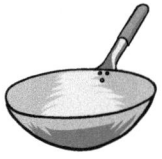

wok / kadai

wok / kadai

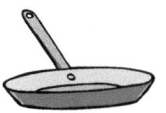

sartén

pan

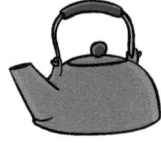

hervidor de agua

kettle

olla de vapor

steamer

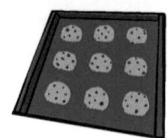

bandeja de horno

baking tray

vajilla

crockery

vaso

mug

bol

bowl

palillos para comer

chopsticks

cucharón de sopa

ladle

espátula

spatula

batidor

whisk

colador

strainer

cedazo

sieve

rallador

grater

mortero

mortar

parrillada

barbecue

fogata

fireplace

cocina - kitchen

tabla de picar

chopping board

rodillo

rolling pin

sacacorchos

corkscrew

lata

can

abrelatas

can opener

agarrador

oven cloth

fregadero

sink

cepillo

brush

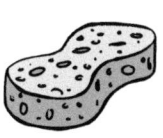

esponja

sponge

batidora

blender

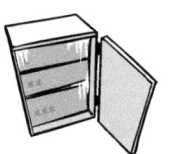

arcón congelador

deep freezer

biberón

baby bottle

grifo

tap

cuarto de baño

bathroom

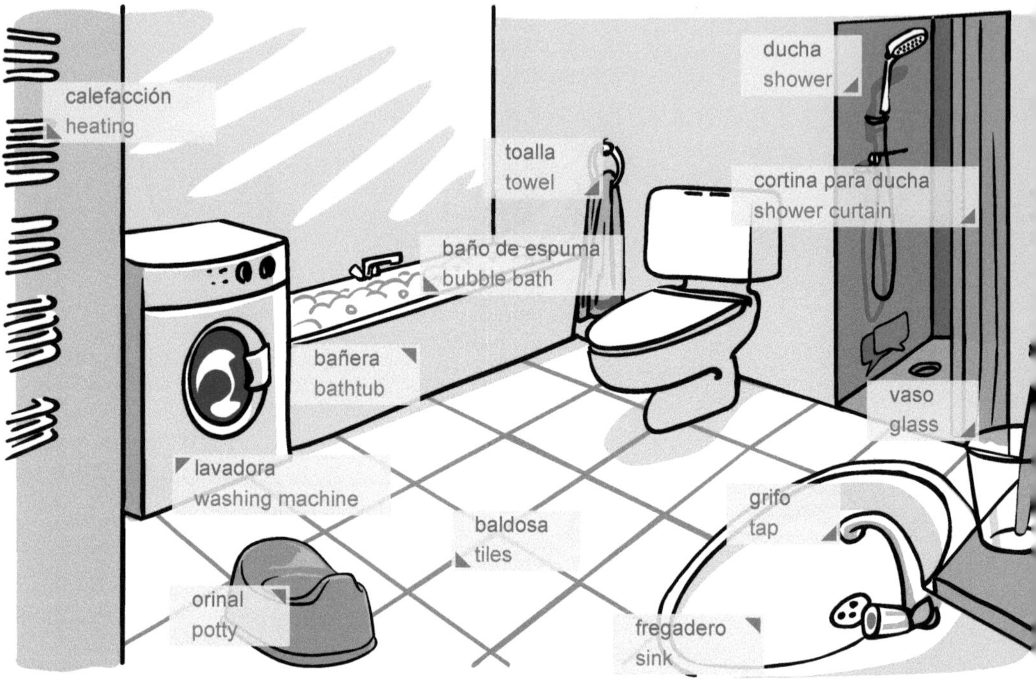

ducha
shower
calefacción
heating
toalla
towel
cortina para ducha
shower curtain
baño de espuma
bubble bath
bañera
bathtub
vaso
glass
lavadora
washing machine
grifo
tap
baldosa
tiles
orinal
potty
fregadero
sink

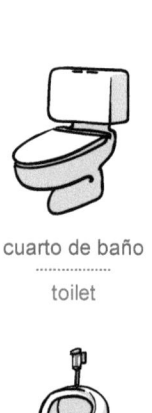

cuarto de baño

toilet

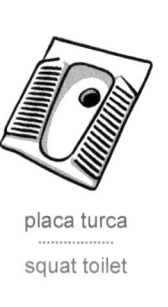

placa turca

squat toilet

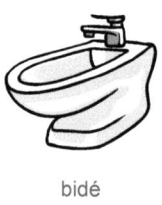

bidé

bidet

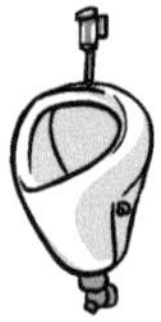

urinario

urinal

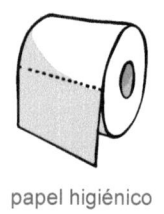

papel higiénico

toilet paper

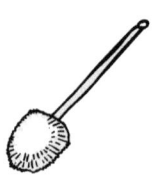

escobilla para el cuarto de baño

toilet brush

cepillo de dientes

toothbrush

pasta dentífrica

toothpaste

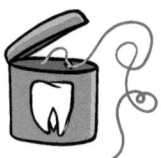

seda dental

dental floss

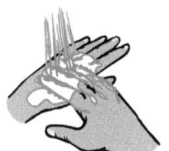

lavar

wash

ducha teléfono

hand shower

ducha higiénica

douche

cuenco

basin

cepillo para la espalda

back brush

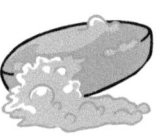

jabón

soap

gel de ducha

shower gel

champú

shampoo

manopla para baño

flannel

desagüe

drain

crema

creme

desodorante

deodorant

espejo

mirror

espejo de maquillaje

hand mirror

máquina de afeitar

razor

espuma de afeitar

shaving foam

loción para después del afeitado

aftershave

peine

comb

cepillo

brush

secador para cabello

hair-dryer

laca de peinado

hairspray

maquillaje

makeup

lápiz labial

lipstick

laca para uñas

nail varnish

algodón

cotton wool

tijera para uñas

nail scissors

perfume

perfume

neceser

washbag

taburete

stool

balanza

weighing scales

bata de baño

bathrobe

guantes de goma

rubber gloves

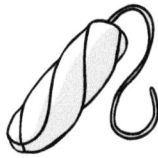

tampón

tampon

compresa

sanitary towel

wáter químico

chemical toilet

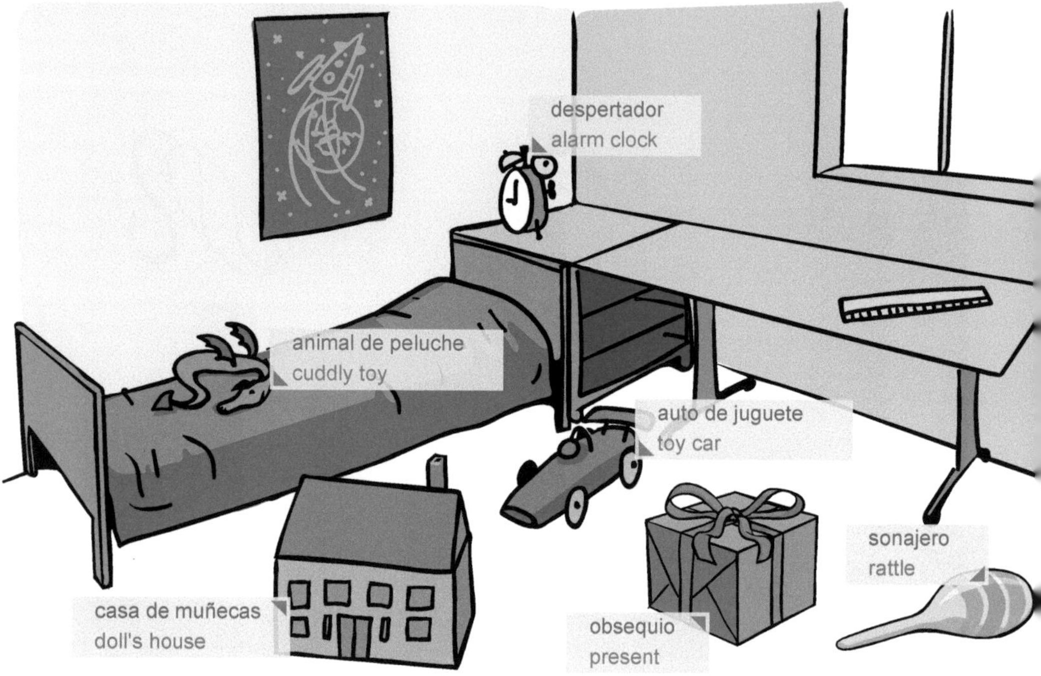

despertador
alarm clock

animal de peluche
cuddly toy

auto de juguete
toy car

casa de muñecas
doll's house

obsequio
present

sonajero
rattle

globo
balloon

cama
bed

cochecito para niños
stroller

juego de barajas
deck of cards

rompecabezas
jigsaw

cómic
comic

piezas de Lego

lego bricks

bloques para jugar

toy blocks

figura de acción

action figure

pijama de una pieza

romper suit

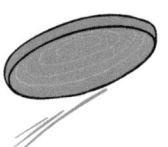

frisbee

frisbee

móvil

mobile

juego de mesa

board game

dado

dice

tren eléctrico a escala

model train set

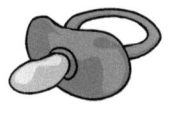

chupete

pacifier

fiesta

party

libro de dibujos

picture book

pelota

ball

títere

doll

jugar

play

arenero

sandpit

columpio

swing

juguetes

toys

consola de videojuego

video game console

triciclo

tricycle

osito de peluche

teddy bear

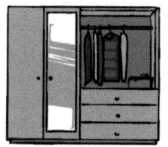

guardarropa

wardrobe

vestimenta

clothing

calcetines

socks

medias

stockings

panti

tights

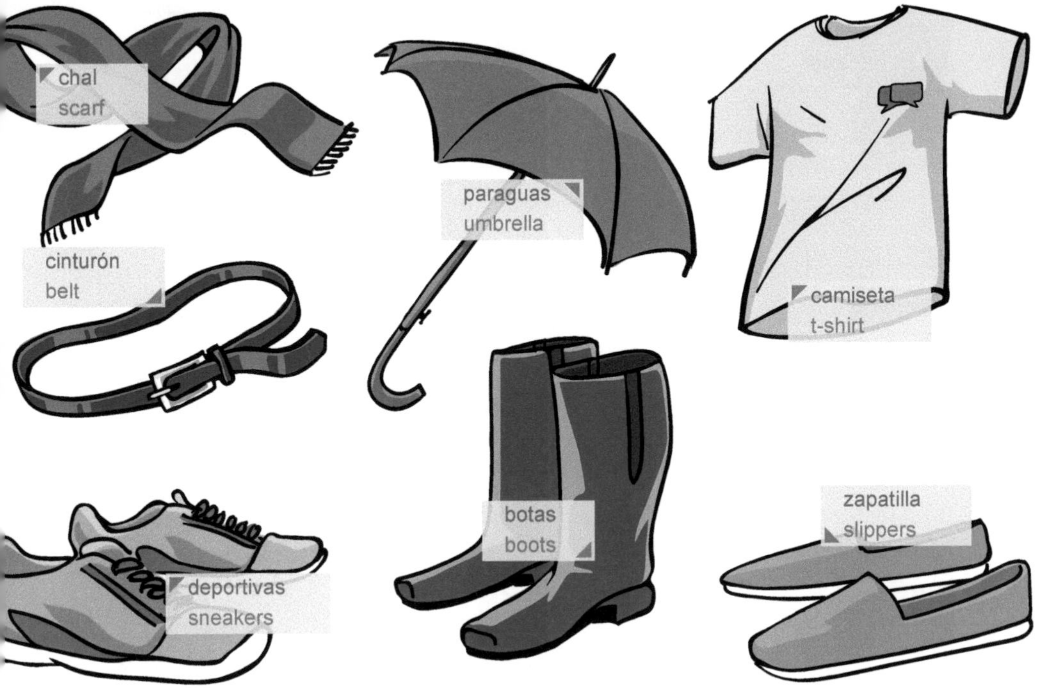

chal
scarf

paraguas
umbrella

camiseta
t-shirt

cinturón
belt

botas
boots

zapatilla
slippers

deportivas
sneakers

sandalias
·················
sandals

zapatos
·················
shoes

botas de goma
·················
rubber boots

ropa interior
·················
underwear

corpiño
·················
bra

camiseta
·················
undershirt

body

body

pantalón

pants

jeans

jeans

falda

skirt

blusa

blouse

camisa

shirt

pullover

pullover

sweater

sweater

blazer

blazer

chaqueta

jacket

abrigo

coat

impermeable

raincoat

traje chaqueta

costume

vestido

dress

vestido de bodas

wedding dress

traje
suit

camisón
nightgown

pijama
pajamas

sari
sari

pañuelo de cabeza
headscarf

turbante
turban

burka
burka

caftán
kaftan

abaya
abaya

traje de baño
swimsuit

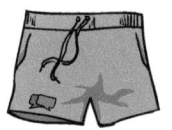

bañador
trunks

shorts
shorts

chándal
tracksuit

delantal
apron

guante
gloves

botón

button

gafa

glasses

brazalete

bracelet

cadena

necklace

anillo

ring

aro

earring

gorra

cap

percha

coat hanger

sombrero

hat

corbata

tie

cierre a cremallera

zip

casco

helmet

tiradores

braces

uniforme escolar

school uniform

uniforme

uniform

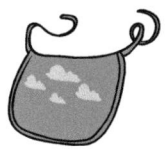

babero

bib

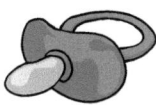

chupete

pacifier

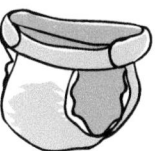

pañal

diaper

oficina
office

servidor
server
archivador
filing cabinet
impresora
printer
papel
paper
monitor
monitor
ratón
mouse
escritorio
desk
carpeta
folder
teclado
keyboard
cesto de papeles
waste-paper basket
ordenador
computer
silla
chair

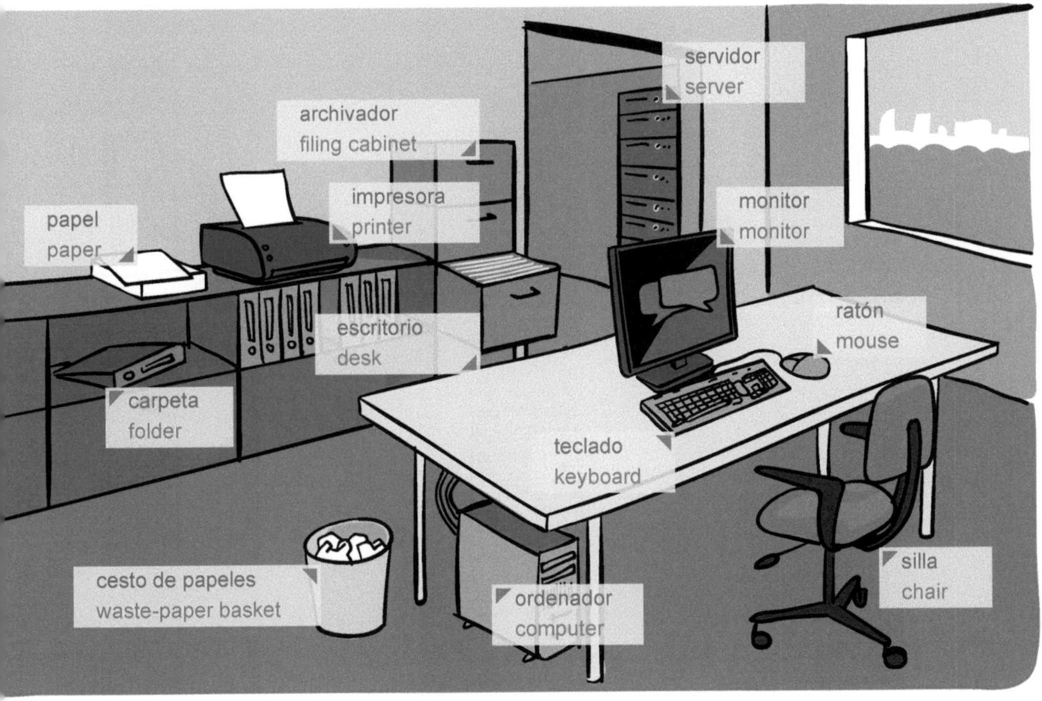

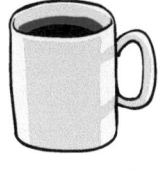

taza de café

coffee mug

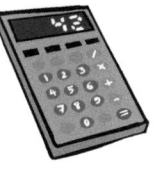

calculadora

calculator

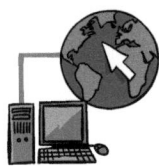

internet

internet

laptop

laptop

carta

letter

mensaje

message

teléfono móvil

cell phone

red

network

fotocopiadora

photocopier

software

software

teléfono

telephone

tomacorriente

plug socket

máquina de fax

fax machine

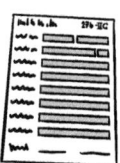

formulario

form

documento

document

comprar
buy

pagar
pay

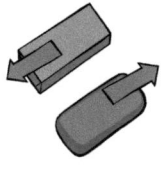

comerciar
trade

dinero
money

USD

dólar
dollar

EUR

euro
euro

JPY

yen
yen

RUB

rublo
rouble

CHF

franco
Swiss franc

CNY

renminbi
renminbi yuan

INR

rupia
rupee

cajero automático
cash point

casa de cambio

currency exchange office

oro

gold

plata

silver

petróleo

oil

energía

energy

precio

price

contrato

contract

impuesto

tax

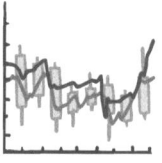

acción

stock

trabajar

work

empleado

employee

empleador

employer

fábrica

factory

negocio

shop

policía
police officer

bombero
fireman

cocinero
cook

médico
doctor

piloto
pilot

jardinero

gardener

carpintero

carpenter

costurera

seamstress

juez

judge

químico

chemist

actor

actor

conductor de autobús

bus driver

taxista

taxi driver

pescador

fisherman

mujer de la limpieza

cleaning lady

techista

roofer

camarero

waiter

cazador

hunter

pintor

painter

panadero

baker

electricista

electrician

albañil

builder

ingeniero

engineer

carnicero

butcher

fontanero

plumber

cartero

postman

soldado
soldier

arquitecto
architect

cajero
cashier

florista
florist

peluquero
hairdresser

cobrador
conductor

mecánico
mechanic

capitán
captain

odontólogo
dentist

científico
scientist

rabino
rabbi

imam
imam

monje
monk

párroco
pastor

herramientas
tools

martillo
hammer
tenazas
pliers
destornillador
screwdriver
llave de tuercas
wrench
lámpara de me
torch

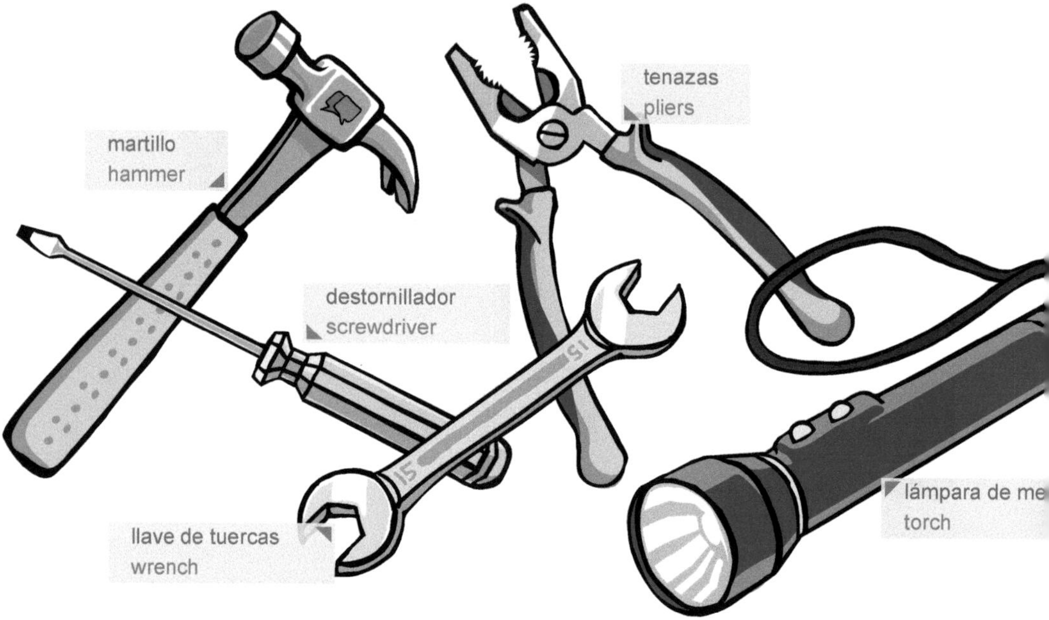

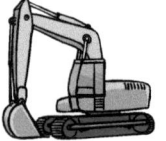

excavadora

excavator

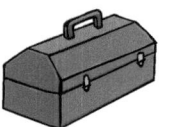

caja de herramientas

toolbox

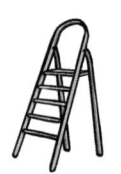

escalerilla

ladder

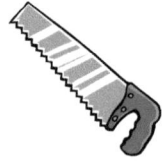

serrucho

saw

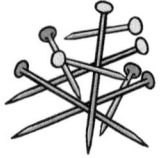

clavos

nails

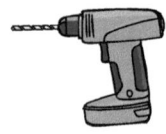

taladro

drill

reparar
repair

pala
shovel

¡Maldición!
Damn!

recogedor
dustpan

lata de pintura
paint can

tornillos
screws

instrumentos musicales
musical instruments

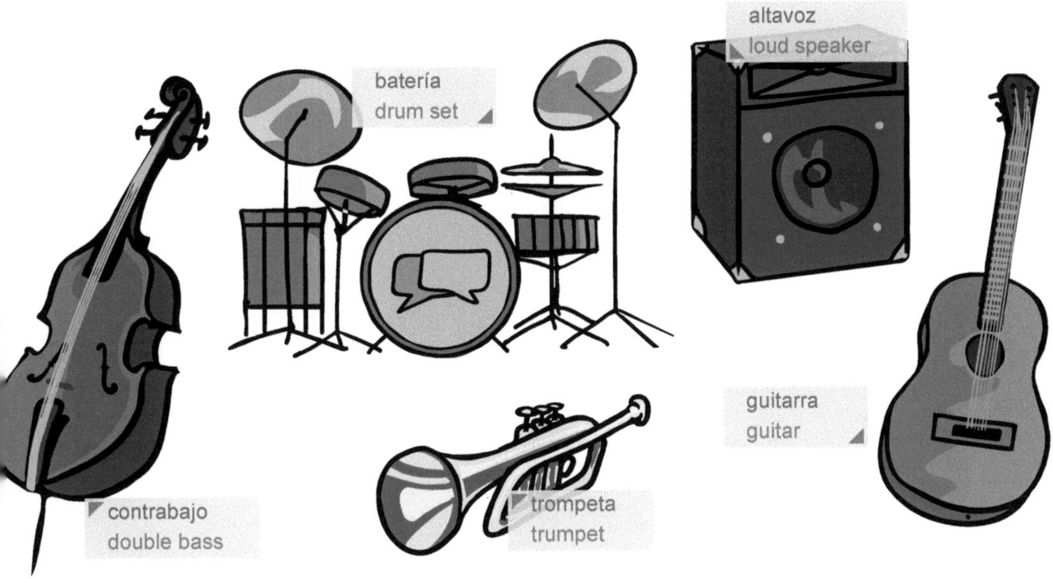

batería
drum set

altavoz
loud speaker

guitarra
guitar

contrabajo
double bass

trompeta
trumpet

piano
piano

violín
violin

bajo
bass

timbales
timpani

tambor
drums

teclado
keyboard

saxofón
saxophone

flauta
flute

micrófono
microphone

zoológico

zoo

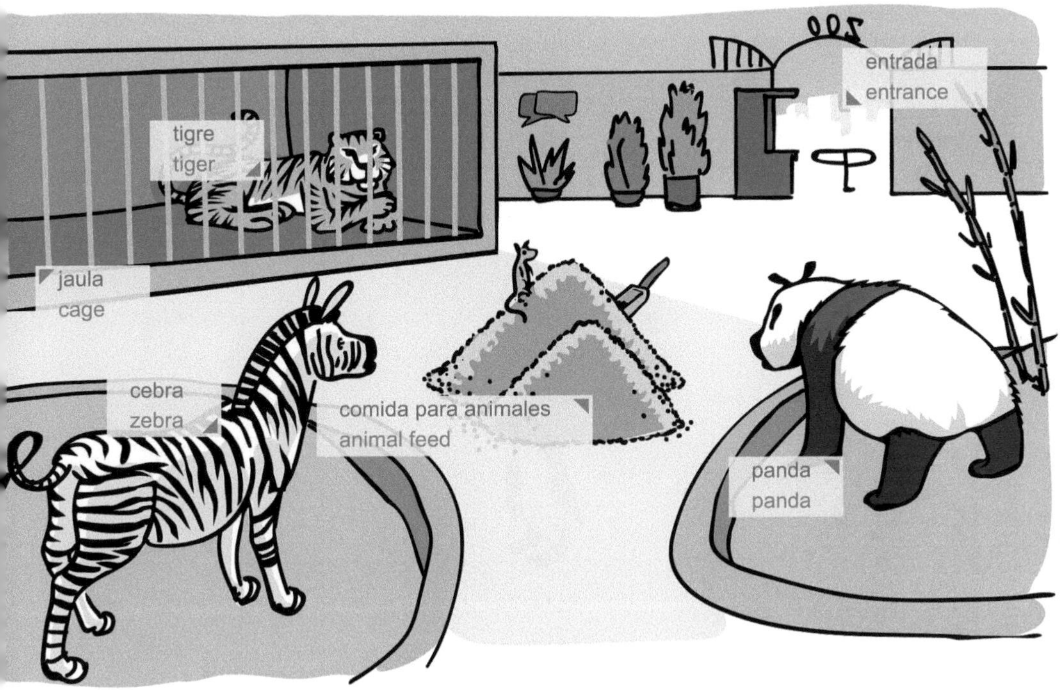
zoo
entrada
entrance
tigre
tiger
jaula
cage
cebra
zebra
comida para animales
animal feed
panda
panda

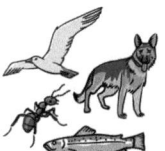

animales

animals

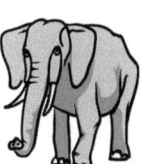

elefante

elephant

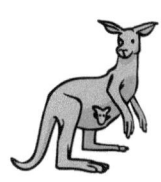

canguro

kangaroo

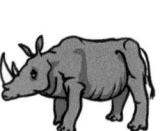

rinoceronte

rhino

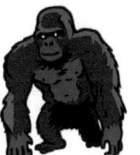

gorila

gorilla

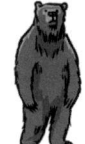

oso

bear

camello

camel

avestruz

ostrich

león

lion

mono

monkey

flamengo

flamingo

papagayo

parrot

oso polar

polar bear

pingüino

penguin

tiburón

shark

pavo real

peacock

serpiente

snake

cocodrilo

crocodile

cuidador del zoológico

zookeeper

foca

seal

jaguar

jaguar

pony
pony

leopardo
leopard

hipopótamo
hippo

jirafa
giraffe

águila
eagle

jabalí
boar

pescado
fish

tortuga
turtle

morsa
walrus

zorro
fox

gacela
gazelle

zoológico - zoo

fútbol americano
American football

ciclismo
cycling

tenis
tennis

baloncesto
basketball

natación
swimming

hockey sobre hielo
ice hockey

boxeo
boxing

fútbol
soccer

badminton
badminton

atletismo
athletics

balonmano
handball

esquí
skiing

polo
polo

actividades
activities

saltar
jump
abrazar
hug
reír
laugh
caminar
walk
cantar
sing
soñar
dream
rezar
pray
besar
kiss

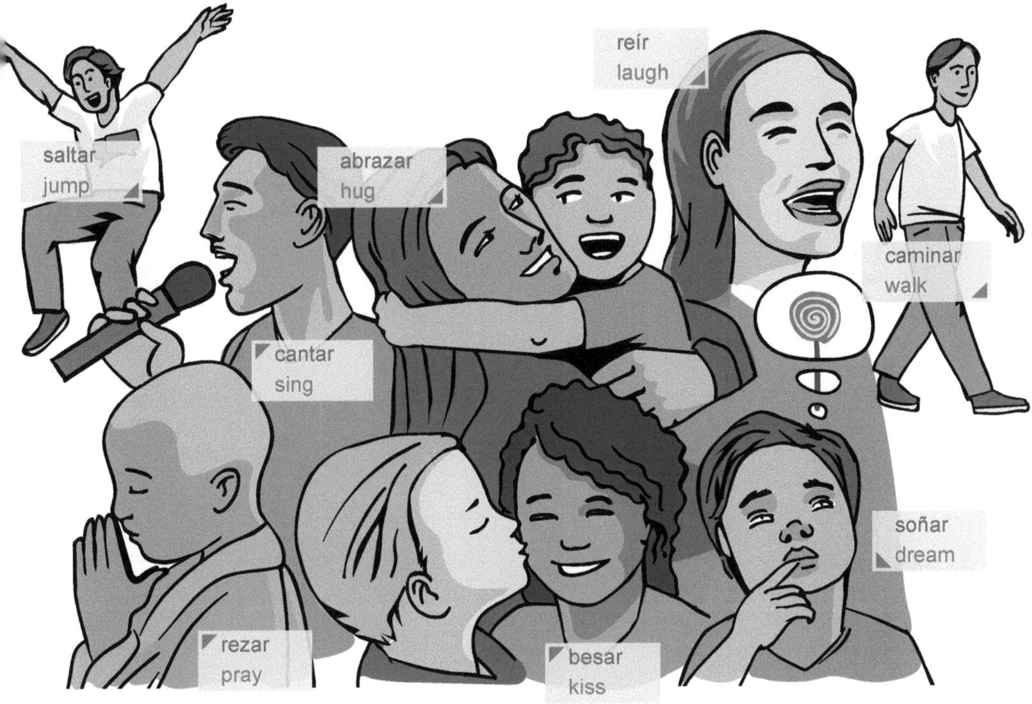

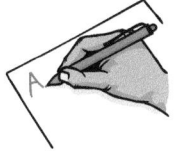

escribir

write

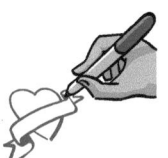

dibujar

draw

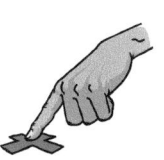

mostrar

show

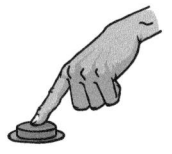

presionar

push

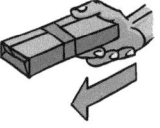

dar

give

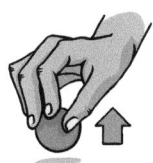

tomar

take

tener
have

hacer
do

ser
be

estar de pie
stand

correr
run

tirar
pull

arrojar
throw

caer
fall

estar acostado
lie

esperar
wait

llevar
carry

estar sentado
sit

vestirse
get dressed

dormir
sleep

despertar
wake up

mirar

look at

llorar

cry

acariciar

stroke

peinarse

comb

conversar

talk

entender

understand

preguntar

ask

oír

listen

beber

drink

comer

eat

asear

tidy up

amar

love

cocinar

cook

conducir

drive

volar

fly

actividades - activities

navegar

sail

calcular

calculate

leer

read

aprender

learn

trabajar

work

casarse

marry

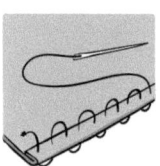

coser

sew

limpiarse los dientes

brush teeth

matar

kill

fumar

smoke

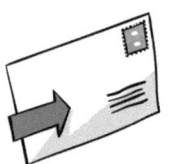

enviar

send

familia
family

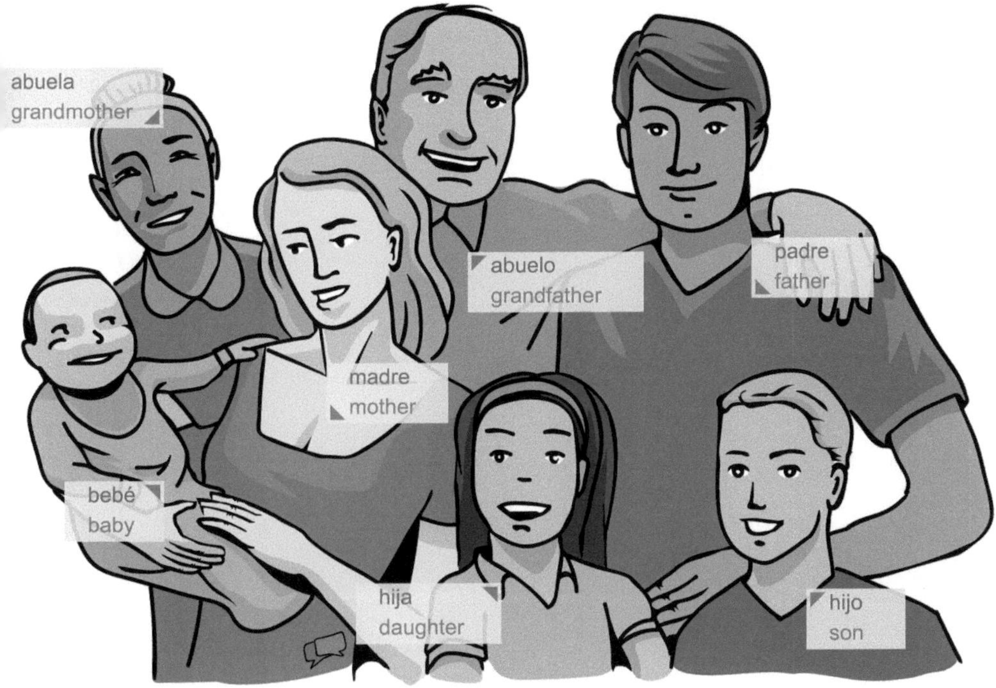

abuela
grandmother
abuelo
grandfather
padre
father
madre
mother
bebé
baby
hija
daughter
hijo
son

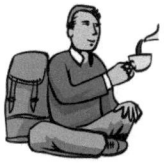

invitado

guest

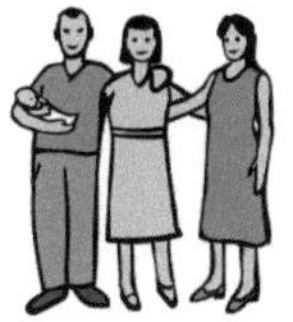

tía

aunt

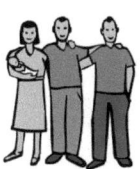

tío

uncle

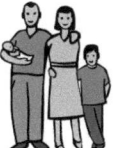

hermano

brother

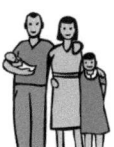

hermana

sister

cuerpo
body

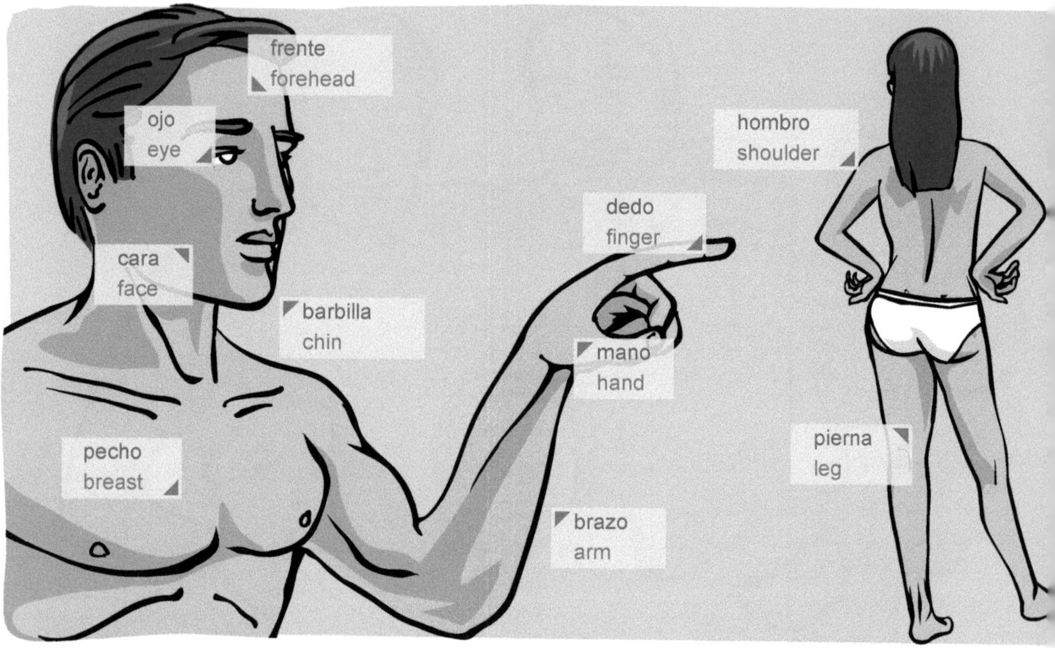

frente
forehead

ojo
eye

hombro
shoulder

dedo
finger

cara
face

barbilla
chin

mano
hand

pecho
breast

pierna
leg

brazo
arm

bebé

baby

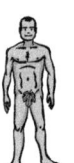

hombre

man

mujer

woman

muchacha

girl

joven

boy

cabeza

head

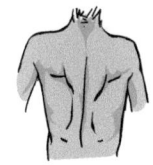

espalda

back

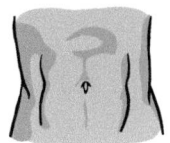

vientre

belly

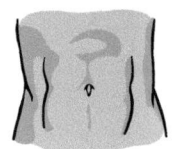

ombligo

navel

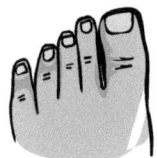

dedo del pie

toe

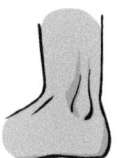

talón

heel

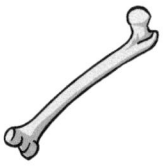

hueso

bone

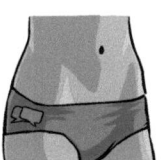

cadera

hip

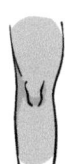

rodilla

knee

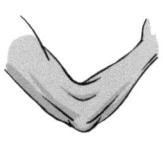

codo

elbow

nariz

nose

trasero

buttocks

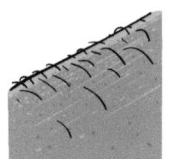

piel

skin

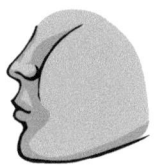

mejilla

cheek

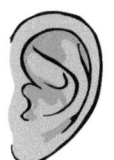

oreja

ear

labio

lip

boca

mouth

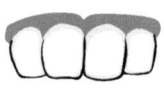

diente

tooth

lengua

tongue

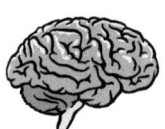

cerebro

brain

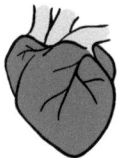

corazón

heart

músculo

muscle

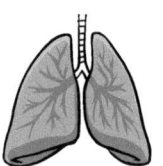

pulmón

lung

hígado

liver

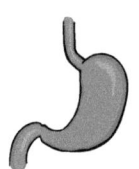

estómago

stomach

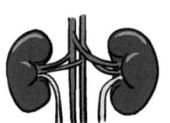

riñones

kidneys

relación sexual

sex

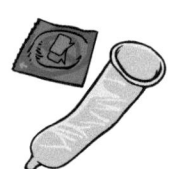

condón

condom

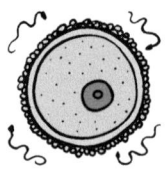

Óvulo

ovum

esperma

semen

embarazo

pregnancy

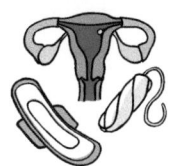

menstruación

menstruation

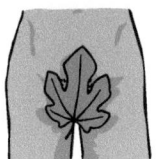

vagina

vagina

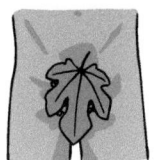

pene

penis

ceja

eyebrow

cabello

hair

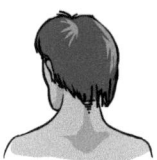

cuello

neck

cuerpo - body

hospital
hospital

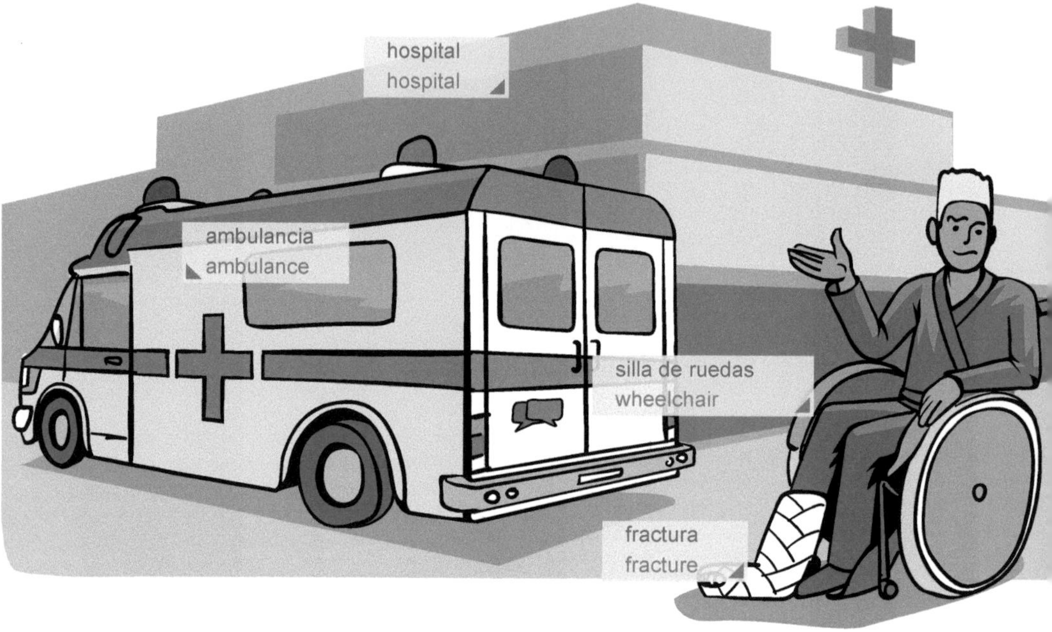

hospital
hospital
ambulancia
ambulance
silla de ruedas
wheelchair
fractura
fracture

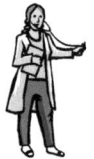

médico

doctor

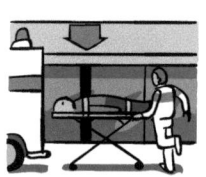

admisión de urgencia

emergency room

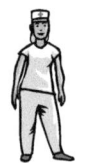

enfermera

nurse

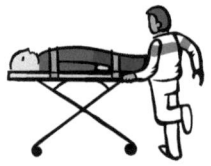

emergencia

emergency

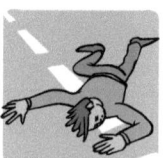

inconsciente

unconscious

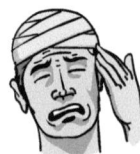

dolor

pain

lesión

injury

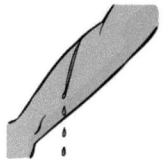

hemorragia

bleeding

infarto de miocardio

heart attack

apoplejía cerebral

stroke

alergia

allergy

tos

cough

fiebre

fever

gripe

flu

diarrea

diarrhea

dolor de cabeza

headache

cáncer

cancer

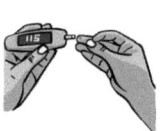

diabetes

diabetes

cirujano

surgeon

escalpelo

scalpel

operación

operation

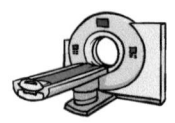

TC
CT

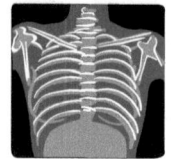

rayos X
x-ray

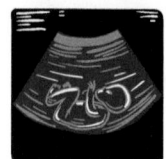

ultrasonido
ultrasound

máscara
face mask

enfermedad
disease

sala de espera
waiting room

muleta
crutch

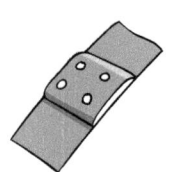

emplasto
plaster

vendaje
bandage

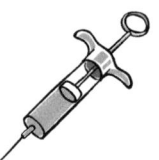

inyección
injection

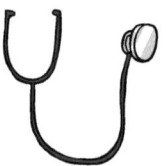

estetoscopio
stethoscope

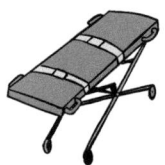

camilla
stretcher

termómetro
clinical thermometer

nacimiento
birth

sobrepeso
overweight

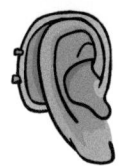

audífono

hearing aid

desinfectante

disinfectant

infección

infection

virus

virus

VIH / SIDA

HIV / AIDS

medicina

medicine

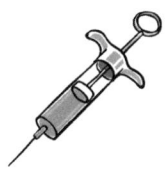

vacunación

vaccination

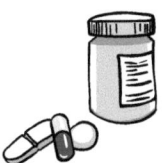

comprimido

tablets

píldora anticonceptiva

pill

llamada de emergencia

emergency call

medidor de presión arterial

blood pressure monitor

enfermo / saludable

ill / healthy

¡Ayuda!

Help!

alarma

alarm

asalto

assault

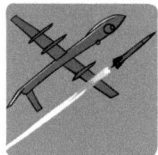

ataque

attack

peligro

danger

salida de emergencia

emergency exit

¡Fuego!

Fire!

extintor

fire extinguisher

accidente

accident

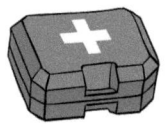

kit de primeros auxilios

first-aid kit

SOS

SOS

Policía

police

Europa

Europe

América del Norte

North America

América del Sur

South America

África

Africa

Asia

Asia

Australia

Australia

Atlántico

Atlantic

Pacífico

Pacific

Océano Índico

Indian Ocean

Océano Antártico

Antarctic Ocean

Océano Ártico

Arctic Ocean

Polo Norte

North pole

Polo Sur

South pole

Antártida

Antarctica

Tierra

earth

país

land

mar

sea

isla

island

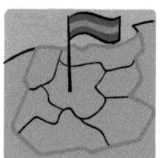

nación

nation

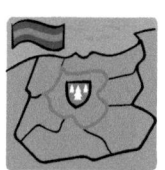

Estado

state

cuadrante

clock face

horario

hour hand

minutero

minute hand

segundero

second hand

¿Qué hora es?

What time is it?

día

day

tiempo

time

ahora

now

reloj digital

digital watch

minuto

minute

hora

hour

semana
week

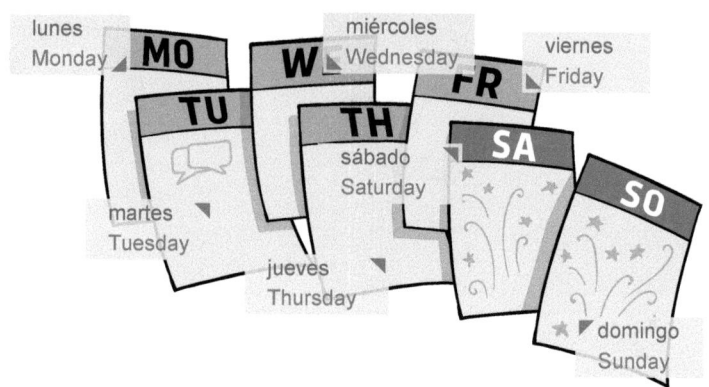

lunes Monday
martes Tuesday
miércoles Wednesday
jueves Thursday
viernes Friday
sábado Saturday
domingo Sunday

ayer
yesterday

hoy
today

mañana
tomorrow

mañana
morning

mediodía
noon

tarde
evening

jornada de trabajo
workdays

fin de semana
weekend

lluvia
rain

arco iris
rainbow

viento
wind

nieve
snow

primavera
spring

otoño
fall

verano
summer

invierno
winter

4.APRIL	11°	☀
5.APRIL	4°	☁
6.APRIL	13°	☂
7.APRIL	8°	☀
8.APRIL	10°	☀

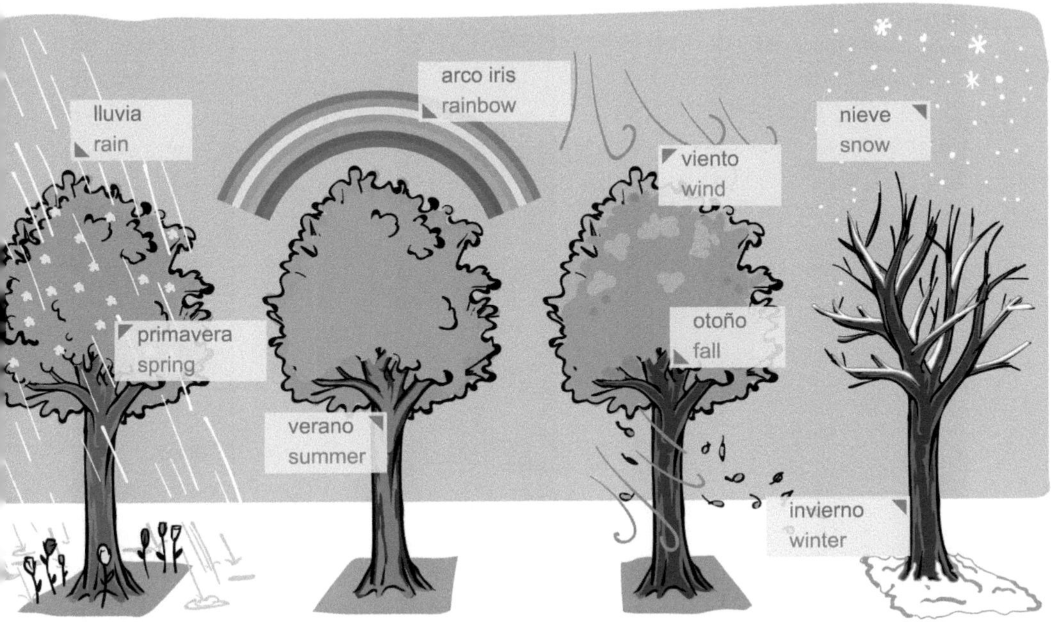

pronóstico meteorológico
weather forecast

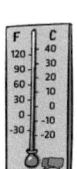

termómetro
thermometer

luz solar
sunshine

nube
cloud

niebla
fog

humedad ambiente
humidity

relámpago

lightning

trueno

thunder

tormenta

storm

granizo

hail

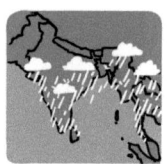

monzón

monsoon

inundación

flood

hielo

ice

enero

January

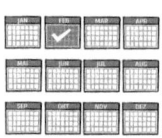

febrero

February

marzo

March

abril

April

mayo

May

junio

June

julio

July

agosto

August

año - year

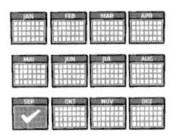

septiembre
....
September

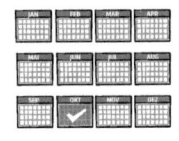

octubre
....
October

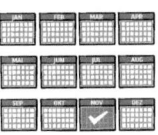

noviembre
....
November

diciembre
....
December

círculo
....
circle

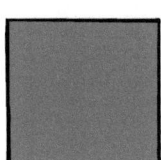

cuadrado
....
square

rectángulo
....
rectangle

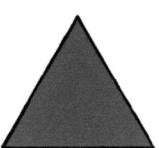

triángulo
....
triangle

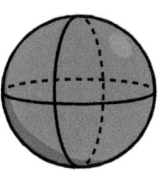

esfera
....
sphere

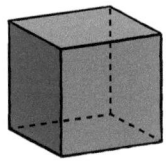

cubo
....
cube

colores
colors

blanco

white

amarillo

yellow

anaranjado

orange

rosa

pink

rojo

red

lila

purple

azul

blue

verde

green

marrón

brown

gris

gray

negro

black

mucho / poco

a lot / a little

enojado / calmado

angry / calm

bonito / feo

beautiful / ugly

comienzo / fin

beginning / end

grande / pequeño

big / small

claro / oscuro

bright / dark

hermano / hermana

brother / sister

limpio / sucio

clean / dirty

completo / incompleto

complete / incomplete

día / noche

day / night

muerto / vivo

dead / alive

ancho / angosto

wide / narrow

disfrutable / no disfrutable

edible / inedible

malo / amigable

evil / kind

excitado / aburrido

excited / bored

gordo / delgado

fat / thin

primero / último

first / last

amigo / enemigo

friend / enemy

lleno / vacío

full / empty

duro / suave

hard / soft

pesado / liviano

heavy / light

hambre / sed

hunger / thirst

enfermo / saludable

ill / healthy

ilegal / legal

illegal / legal

inteligente / tonto

intelligent / stupid

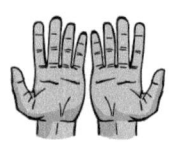

izquierda / derecha

left / right

cercano / lejano

near / far

nuevo / usado
....
new / used

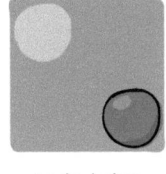

nada / algo
....
nothing / something

viejo / joven
....
old / young

encendido / apagado
....
on / off

abierto / cerrado
....
open / closed

bajo / fuerte
....
quiet / loud

rico / pobre
....
rich / poor

correcto / incorrecto
....
right / wrong

áspero / liso
....
rough / smooth

triste / alegre
....
sad / happy

breve / extenso
....
short / long

lento / veloz
....
slow / fast

mojado / seco
....
wet / dry

caliente / frío
....
warm / cool

guerra / paz
....
war / peace

opuestos - opposites

0	**1**	**2**
cero	uno	dos
zero	one	two
3	**4**	**5**
tres	cuatro	cinco
three	four	five
6	**7**	**8**
seis	siete	ocho
six	seven	eight
9	**10**	**11**
nueve	diez	once
nine	ten	eleven

12

doce

twelve

13

trece

thirteen

14

catorce

fourteen

15

quince

fifteen

16

dieciséis

sixteen

17

diecisiete

seventeen

18

dieciocho

eighteen

19

diecinueve

nineteen

20

veinte

twenty

100

cien

hundred

1.000

mil

thousand

1.000.000

millón

million

inglés

English

inglés estadounidense

American English

chino mandarín

Chinese Mandarin

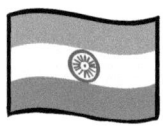

hindi

Hindi

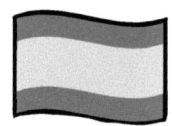

español

Spanish

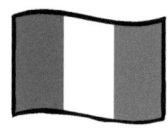

francés

French

árabe

Arabic

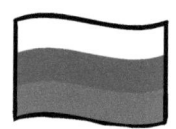

ruso

Russian

portugués

Portuguese

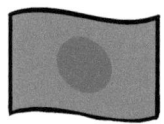

bengalí

Bengali

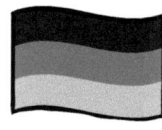

alemán

German

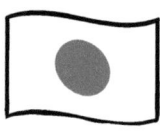

japonés

Japanese

yo

I

tú

you

él / ella

he / she / it

nosotros

we

vosotros

you

ellos

they

¿quién?

who?

¿qué?

what?

¿cómo?

how?

¿dónde?

where?

¿cuándo?

when?

nombre

name

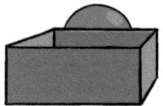

detrás

behind

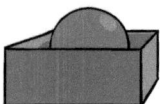

en

in

delante de

in front of

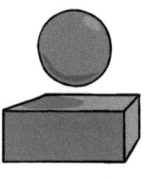

encima de

over

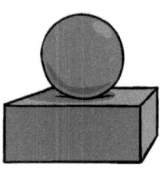

sobre

on

debajo de

under

junto a

beside

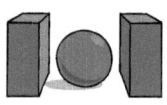

entre

between

lugar

place